sm

EL BARCO
DE VAPOR

Pirata Plin, pirata Plan

Paloma Sánchez Ibarzábal

Ilustraciones de Dani Cruz

sm

Primera edición: agosto de 2009
Decimocuarta edición: marzo de 2022

Dirección editorial: Berta Márquez
Coordinación editorial: Xohana Bastida
Revisión editorial: Carolina Pérez
Dirección de arte: Lara Peces

Impresores, 2
Parque Empresarial Prado del Espino
28660 Boadilla del Monte (Madrid)
www.grupo-sm.com

ISBN: 978-84-675-7700-6
Depósito legal: M-34039-2014
Impreso en la UE / *Printed in EU*

A mis padres, con cariño.

.RENCIA

LAN eran dos piratas. Juntos surca-
os mares en su barco bucanero.

De norte a sur recorrían el mundo. ¡Arri ¡Abajo! ¡Al vaivén de las olas!

Plin y Plan se parecían en algunas cosas los dos tenían pata de palo. Los dos tenían loro parlanchín. Y los dos gritaban cuando veían un barco acercarse.

Pero no se parecían en otras.

A Plan le gustaba bailar flamenco: *Tocotoc, tocotoc, tocotoc...*, sonaba su pata por el barco cuando bailoteaba. Plin, en cambio, solo usaba la pata para dar patadas por aquí y por allá.

Cuando los marineros tocaban la armónica sentados en cubierta, Plin les gritaba:

–¡Arriba, gandules! ¡A trabajar!

Toc, toc, toc..., hacía la pata repartiendo patatazos.

uando se le pasaba el mal hu-
aba como nadie bellas cancio-
ras que él mismo inventaba.
es llegaban a una isla en busca de un
o y los dos caminaban por la playa. Pero...
a Plin le aterraban los cangrejos!

–¡Malditos bichos repugnantes! –y los espantaba a patadas para defenderse.

En cambio, Plan, con su pata, hacía rápidamente agujeros en la arena para que los cangrejos se escondieran, y así salvaba a Plin de los cangrejos... y a los cangrejos de su amigo Plin.

Cuando el peligro desaparecía, Plin construía hermosos castillos. Era un buen pirata arquitecto.

Mientras que Plan, con su pata de palo, dibujaba figuras en la orilla. Era un gran

pirata dibujante: un día dibujaba un sol,
día una luna, un barco, una flor, un árbol, u
enorme montaña...

otro
na

Luego, las olas llegaban, los mojaban y se llevaban los dibujos de Plan, que flotaban en las aguas alejándose mar adentro.

Todo les iba bien. Eran dos piratas iguales y también distintos. Y eran amigos. Hasta que un día...

Por babor, por estribor

Vieron un barco a lo lejos y los dos gritaron:

–¡Al abordaje! ¡Todos a sus puestos! ¡Preparad los cañones!

Y Plin ordenó:

–¡Atacaremos por babor!

En cambio, Plan gritó:

–¡De eso nada! ¡Atacaremos por estribor!

Que era como decir «atacaremos por la izquierda» o «atacaremos por la derecha», en el lenguaje marinero.

Y mientras ellos discutían, que si por babor, que si por estribor, los barcos enemigos escaparon veloces.

–¡Pues vaya un plan! –se enfureció Plin.

–¡Pues a mí plin! –le contestó Plan.
Y desde ese día, ya todo fueron peleas.

Si Plan bailaba flamenco con su pata... Plin protestaba:

–¡Estate quieto! ¡Con tanto bailoteo no puedo inventar canciones!

–¡Deja tú de cantar! –le contestaba Plan–. ¡Con esas canciones horribles no hay quien baile!

Y Plin empezó a pensar: «¡Lo a gusto que cantaría yo sin los bailoteos de Plan!».

Mientras que Plan empezó a cavilar: «¡Lo bien que bailaría yo sin escuchar las ridículas canciones de Plin!».

Y a partir de este momento, cuando desembarcaban en una playa...

Plan protestaba:

–¡Tus castillos ocupan demasiado! ¡No dejan sitio para mis dibujos!

–¡Ja! ¡Tus dibujos sí que molestan!

Plin, entonces, borraba rabiosamente los dibujos de Plan con su pata, mientras que Plan saltaba furioso sobre los castillos de Plin. ¡Todo se estropeaba!

Los dos rodaban por la arena enzarzados en una feroz pelea.

Y Plin pensaba: «¡Qué feliz sería sin este Planpintamonas a mi lado!».

Y Plan se decía: «¡Qué feliz sería sin este Plincastillitos junto a mí!».

Un día, tras una de esas horribles trifulcas, Plin gritó a Plan:

–¡Estoy harto! No eres un buen pirata. ¡Los barcos no se atacan por estribor! ¿Y dónde se

ha visto un pirata dibujante? ¿O un pirata bailarín? ¡Siempre metes la pata... encima de mis castillos! ¡Y no te sabes ni una sola canción marinera!

Plan también se puso furioso:

–¡Tú sí que eres mal pirata! ¡Atacar por babor es lo peor! ¡Y yo sí que estoy harto de tus canciones, de tus castillos y de tus patadas!

Y ocurrió algo que nunca en veinte años de surcar juntos los mares había sucedido.

–¿Ah, sí? ¡Pues fuera de mi barco! –gritó Plin, furioso.

Y tiró la maleta de Plan por la borda.

Pero Plan contestó:

–¡Tú no me echas! ¡Soy yo quien me voy! ¡Jamás volverás a verme!

Plan recogió del muelle sus cosas de pirata. Se compró otro barco. Buscó nueva tripulación. Y puso rumbo hacia el oeste, alejándose de Plin para siempre.

Plin, en cambio, navegó en dirección al este.

Así comenzaron una nueva vida de piratas... cada uno por su lado.

N
E

Prohibido

–¡Qué bien se navega sin Plan! –repetía Plin a cada instante.

Miraba por su catalejo a diario, y no tardó en divisar un barco.

–¡Al abordaje por babor! Ja, ja, ja... ¡Atacar por babor es lo mejor!

Todos los marineros le hicieron caso. Y se organizó una gran batalla.

–Ja, ja, ja... –reía mientras luchaba ferozmente–. ¡Todos obedecen! ¡Y ya no me molesta Plan!

Cuando Plin desembarcaba en alguna isla en busca de tesoros, hacía huir a los cangrejos a patadas, buscaba el tesoro y luego construía cientos de castillos.

–¡Qué bien! Toda la playa para mis castillos. ¡Ya no me estorban los ridículos dibujos de Plan!

La pata de palo de Plin se volvió aún más feroz. Llegó a dar ¡más de mil patadas por día!

–¡Ahhh, qué gusto dar patadas a mi aire, y cantar a voz en grito sin escuchar los bobos bailoteos de la pata de Plan!

Y puso un letrero en el mástil: PROHIBIDO BAILAR FLAMENCO.

Y Plin creyó que nunca había sido tan feliz.

PROHIBIDO BAILAR
FLAMENCO

Y PROHIBIDO

POR SU PARTE, Plan, navegando rumbo al oeste, se cruzó también con cientos de barcos.

–¡Al abordaje por estribor! –gritaba–. Ja, ja, ja... ¡Por estribor, que es lo mejor!

Y pensaba: «¡Qué bien atacar sin las ridículas órdenes de Plin!».

En el barco de Plan, la pata de palo bailoteaba flamenco todo el día.

–¡Qué a gusto se baila sin escuchar sus horribles canciones!

Y puso un letrero en el mástil: PROHIBIDO CANTAR.

PROHIBIDO
CANTAR

Cuando Plan desembarcaba en las islas en busca de tesoros, jugaba tranquilamente con los cangrejos. Luego, como siempre, dibujaba con su pata sobre la arena. Y al subir la marea, las olas se llevaban los dibujos mar adentro.

–¡Ahhh! ¡Es maravilloso dibujar sin los horribles castillos de Plan haciéndome sombra! ¡Qué bien, toda la playa es mía!

Así que Plan no echaba de menos a Plin, y parecía feliz. Y Plin parecía feliz de no estar con Plan. ¡Todo arreglado!

Una extraña visita

Pero pasó el tiempo...
¡y más tiempo todavía!...

En el barco de Plin, los marineros, un buen día, se hartaron de recibir tantas patadas de su capitán. Y cuando llegaron a puerto, le dijeron:

–¡Ahí te quedas, capitán Plin! ¡Viajar contigo no es buen plan!

Y Plin se quedó sin tripulación. Montó en su barco y también montó en cólera, y muy furioso gritó:

Y siguió rumbo hacia el este.

Se cruzó con varios barcos y los atacó por sorpresa. Pero atacar solo no era divertido... ¡ni sensato! Después de varias batallas, su pata de palo se partió por la mitad. Y Plin tuvo que atársela con un trozo de cuerda. Y vendarse los arañazos y los chichones. ¡Cómo le escocieron! ¿No había nadie que pudiera soplarle las heridas como hacía... como hacía...? Y entonces, por primera vez en muchos meses... ¡se acordó de Plan!

–¿Cómo le irá a Plan? ¿Habrá tenido que luchar contra algún barco? ¡Seguro que el muy bobo ataca por estribor y pierde todas las batallas! Ja, ja, ja...

Y rio con ganas a pesar del dolor.

Y así estaba, ríe que te ríe, cuando de pronto algo revoloteó a su alrededor y se posó sobre su hombro.

El loro huyó espantado. ¿Quién era ese extraño pajarraco grande, pesado y muy muy negro?

–¿Quién eres tú? –le preguntó Plin.

–*Me llamo Pensamiento Negro* –respondió el pajarraco.

Y Pensamiento Negro empezó a susurrarle unas extrañas palabras en el oído:

–*¿Y si... le han hundido el barco a Plan? ¿Y si... le han cogido prisionero? ¿Y si Plan... está herido, como tú, pero más grave?*

Y sin saber por qué, a Plin le entró una gran congoja con las cosas que ese pajarraco de Pensamiento Negro le susurraba:

–... *recuerda que fuiste tú quien le echó del barco...*

¡Pero él era un pirata! ¡Y no pensaba amilanarse por un simple pajarraco!

Entonces, Plin saltó y saltó y saltó, bien fuerte, para sacudirse a Pensamiento Negro.

–¡Largo de aquí, bicharraco! ¡Bah, Plan se las arreglará! ¿Qué me importa a mí? ¡Ya no somos amigos!

Sin embargo, desde ese día, Pensamiento Negro siguió el rumbo del barco de Plin, volando por el cielo.

Plin, solo en el barco como estaba, navegó muchos días y muchas noches. ¡Y qué cansancio le entró! ¡Eran tantos los trabajos que debía hacer! Tenía que izar y arriar la bandera, desplegar las velas, orientarlas hacia el viento, guiar el timón, mirar por el catalejo, controlar la brújula y leer los mapas, y además pescar, y cocinar, ¡y fregar el barco entero!...

–¡Ufff! –suspiraba sentado en cubierta cuando descansaba.

Y entonces se sentía aburrido... Se hartaba de todo, ¡hasta de cantar! Tan aburrido estaba que un día pensó:

–A lo mejor, si bailo un poco como hacía Plan...

Y probó a bailotear flamenco.

–¡Repámpanos! Pero... ¡si es divertidísimo! ¡Mucho más que dar patadas! –gritó entusiasmado.

Y siguió así unos minutos. Pero al dar un giro, algo le hizo frenar en seco: el cartel de PROHIBIDO BAILAR FLAMENCO que él mismo había colocado en el mástil.

–Vaya, está prohibido... –y de nuevo, Pensamiento Negro descendió del cielo y se posó en su hombro.

Y Plin se puso a cantar una triste canción.

Otra visita igual de extraña

Por su lado, Plan navegó y navegó, y bailoteaba flamenco día y noche para celebrar sus victorias. Sin embargo, al cabo de unas semanas, tras vencer en una batalla muy importante... notó algo raro mientras bailaba: ¿no había demasiado silencio para tanta alegría? ¿Es que nadie sabía cantar una canción alegre en ese barco? La brisa marina sopló sobre las velas justo en ese momento. Y entre sus silbidos, soplidos y murmullos, trajo escondidas unas cuantas notas musicales...

¿A qué le recordaban esas notas? ¿Verdad que se parecían a las canciones de Plin? Plan paró inmediatamente de bailar y se quedó escuchando un rato.

–¿Sabe alguien cantar canciones marineras? –preguntó a su aburrida tripulación.

¡Claro que sabían!, dijeron. Pero... ¡estaba prohibido cantar! Y los marineros señalaron el letrero del mástil.

Entonces, Plan arrancó el letrero.

–¡Se levanta la prohibición! ¡Todos a cantar!

Y todos entonaron canciones, pero, desde luego... ¡ninguna se parecía a las que inventaba Plin!

A Plan, de repente, sin saber por qué, se le quitaron las ganas de bailar. Y se quedó escuchando el viento entre las velas, por si volvía a traer con él alguna nota lejana que le recordara las canciones de Plin.

–La verdad... es que... Plin... ¡cantaba como nadie! –reconoció–. ¡Y... y... hacía castillos... castillos fabulosos! ¡Qué envidia me daban sus castillos! ¿Cómo le irá a Plin? ¿Habrá sabido defenderse de los cangrejos? Ja, ja, ja... seguro que el muy bobo no se atreve ni a pisar la playa...

En ese instante, unas alas negras le rozaron la cara y una pajarraca se posó sobre su hombro. El loro huyó espantado.

–¿Y tú quién eres? –preguntó Plan.

–*Me llamo Culpa Negra.*

Y entonces le cuchicheó al oído:

–*Seguro que ahora Plin es feliz... Podrá cantar lo que quiera sin que nadie le regañe... Y hacer castillos sin que nadie se los pise...*

Y durante un rato, Plan sintió un gran peso sobre su hombro con todas las cosas que Culpa Negra le decía. Y Culpa Negra empezó a engordar y a engordar y a engordar... Y pesaba y pesaba y pesaba... y tanto le pesaba que...

¡Plan saltó y saltó bien fuerte para sacudirse a Culpa Negra!

–¡Ja! ¿Qué me importa lo que le ocurra a Plin? ¡A él tampoco le gustaban mis dibujos ni mis bailes! ¡Me echó del barco! ¡Ya no somos amigos!

Sin embargo, desde ese día, Plan ya no bailó como antes. Se pasaba las horas escuchando, a ver qué sonidos lejanos le traía el viento. Y cuando miraba hacia el cielo, veía a Culpa Negra que volaba cerca, igual que los buitres, siguiendo el barco.

YA NO QUIERO SER PIRATA

ASÍ PASARON LOS DÍAS y las noches y los meses y las mareas y los ciclos lunares. Y Plin, que había navegado rumbo al este, y Plan, que había navegado rumbo al oeste, completaron una vuelta al mundo. Eran los piratas más tristes y malhumorados de todo el océano. Los loros habían huido, asustados por los ex-

traños pájaros que seguían a los barcos. Ahora, solo esos dos pajarracos se posaban sobre los hombros de los piratas: Culpa Negra y Pensamiento Negro.

Pero ni Plin ni Plan sabían cómo arreglar las cosas. ¡Ni siquiera sabían cómo encontrarse otra vez en ese inmenso océano!

Plan ya no tenía ganas de navegar. Su tripulación finalmente lo abandonó, pues ahora pasaba días y días en las islas, dibujando en la orilla para que el mar se llevara los dibujos con la marea. Más que un pirata, Plan parecía un náufrago lanzando botellas al mar con un mensaje.

Por su parte, Plin decidió dejar de ser pirata. Una tarde divisó por babor una isla. Seguramente habría un estupendo tesoro en ella. Pero Plin... ya no tenía fuerzas para buscar nada. ¡Y mucho menos para enfrentarse a los terribles cangrejos de las arenas!

–¿Para qué quiero un tesoro? –suspiró–. ¿Con quién podré pelearme para repartirme las coronas y las monedas?

Y comenzó a cantar una triste canción marinera.

El viento, que giraba veloz alrededor del barco, se enredó en la canción que salía de la boca de Plin, tiró bien fuerte, la arrancó y se la llevó volando. Plin enmudeció. ¿Para qué la querría el viento?

Luego, miró hacia la isla. Pero había anochecido. Nada podía ver.

–Mañana mismo daré la vuelta –decidió–. ¿Para qué ir a la isla? Volveré a puerto y viviré en tierra para siempre.

Echó el ancla. Se tumbó sobre cubierta. Y se durmió.

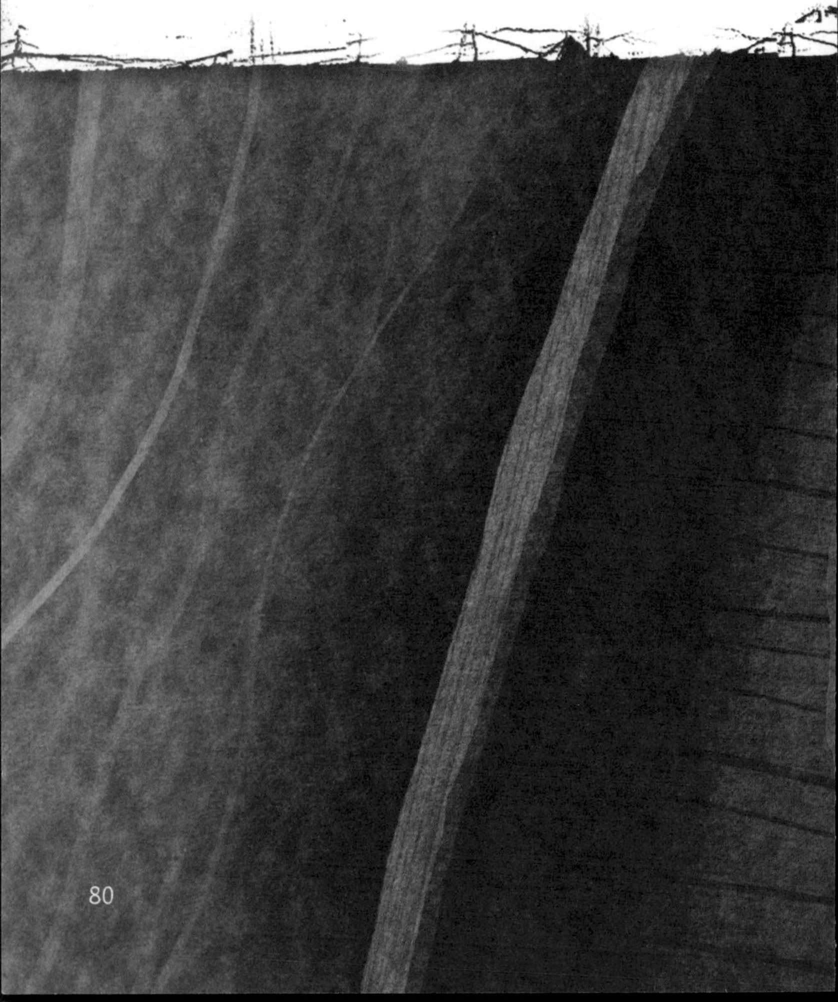

Y durmiendo como una marmota habría estado hasta el amanecer si no fuera porque un extraño ruido en mitad de la noche le sacó de su sueño. *Pom, pom, pom...* ¡Algo golpeaba con insistencia el casco del barco!

Plin se levantó sobresaltado.

–¿Qué sucede ahí abajo? ¿Me asalta algún enemigo?

Se asomó por la barandilla. La noche le impedía ver con claridad. Solo distinguía unas cosas misteriosas que flotaban sobre las aguas oscuras.

–Pero... pero... ¿qué es todo eso que nada en dirección al barco? ¿Son peces acaso? ¿Tal vez tiburones? ¿O tortugas marinas?

Echó la red y subió al barco aquellos objetos tan extraños. Los cogió entre sus manos y sintió que palpitaban como si se tratara de algo vivo: *Pom, pom, pom, pom*... La luna salió de detrás de la nube y lo iluminó todo. Y entonces, ¡y solo entonces!, Plin comprendió...

–¡Por mil rayos y centellas! Pero si son... ¡los dibujos de Plan!

Entre sus manos tenía las estrellas, las flores, las nubes, los soles, las montañas y los navíos que Plan dibujaba en las playas. ¡Las olas los traían desde la isla! Y eso significaba que...

¡La pata de Plin se puso a bailotear loca de alegría por cubierta, a pesar de que estaba prohibido! *Tocotoc*, *tocotoc*, *tocotoc*...

Y luego, Plin elevó el ancla. ¡No esperaría a que amaneciera! Navegó y navegó toda la noche en dirección a la isla. A su paso pescó con la red todos los dibujos que encontró en su camino. El barco pirata se llenó hasta la bandera de un extraño cargamento.

Cuando amaneció, Plin vio a lo lejos algo que el viento hacía revolotear sobre la playa, subiendo y bajando en extraños giros igual que hacen las cometas. ¿Eran pájaros? ¿Eran hojas? ¡Por mil rayos y centellas! Pero si eran... ¡las notas de su canción! ¡La canción que se había llevado el viento!

Y allí, en la playa, alguien bailaba con ella...

!
TOC
TOC
TOC

fin

TE CUENTO QUE DANI CRUZ...

... prefiere la compañía a la soledad. Por eso se deja acompañar por su gato Mao, y así, siempre que dibuja, canta o bailotea, tiene al gato para compartir con él esos momentos. Y cuando no puede disfrutar de su compañía, tiene otro plan: ¡él mismo se encarga de crear personajes para no aburrirse! Así ha realizado montones de ilustraciones de las que siempre se enamora y a las que es infiel cuando tiene que empezar con otras. Pero a él ¡plin con lo que digan!

Dani Cruz nació en 1978 en Sabadell (Barcelona). Es diseñador publicitario, además de ilustrador de libros infantiles y juveniles, libros de texto y revistas para los más pequeños. Trabaja para editoriales de varios países, como España, México, Irlanda, Inglaterra, Francia y Australia.

Si quieres saber más acerca de su obra, puedes consultar su página web:

www.danicruz.com

TE CUENTO QUE PALOMA SÁNCHEZ IBARZÁBAL...

... a los ocho años aprendió el arte de caminar por las nubes. Desde allí arriba divisa todo tipo de seres: ballenas, brujos del viento, brujas detectives, dragones, niños que viajan en una pesadilla o, como ahora, unos piratas... Luego, escribe sus historias. En sus ratos libres sale a la montaña, viaja al mar, conoce ciudades, visita los museos para ver qué cosas hacen los artistas... Le apasiona entrar en las librerías o en las bibliotecas. Asegura que hay libros allí escondidos que emiten sonidos muy extraños hasta que alguien logra rescatarlos. Otras veces, los libros caen repentinamente al suelo cuando ella pasa cerca de las estanterías. No le queda más remedio que leerlos.

Paloma Sánchez Ibarzábal nació en Madrid y es autora de varios álbumes ilustrados y novelas infantiles.